Quiero ser veterinario

QUIERO SER

Veterinario

DAN LIEBMAN

FIREFLY BOOKS

A FIREFLY BOOK

Publicado por Firefly Books Ltd. 2000
Copyright © 2000 Firefly Books Ltd.

Segunda edición

Datos sobre la catalogación antes de la publicación.

Liebman, Daniel
   Quiero ser veterinario.

ISBN 1-55209-477-4

1. Veterinarios – Literatura juvenil. I. Título.

SF756.L53 2000   j636.089'06952   C99-932466-7

Publicado en Canadá en 2000 por
Firefly Books Ltd.
3680 Victoria Park Avenue
Willowdale, Ontario, Canadá
M2H 3K1

Publicado en Estados Unidos en 2000 por
Firefly Books (U.S.) Inc.
P.O. Box 1338, Ellicott Station
Buffalo, New York, U.S.A.
14205

Créditos por las fotografías:

© First Light/John Curtis, front cover.
© Werner Bokelberg, The Image Bank, page 5.
© Patti McConville, The Image Bank, page 6.
© John Howard; Cordaiy Photo Library Ltd./
   CORBIS, page 7.
© John Periam; Cordaiy Photo Library Ltd./
   CORBIS, page 8.
© Kit Houghton Photography/CORBIS, page 9.
© Philip Gould/CORBIS, pages 10 & 11.
© Michael Salas, The Image Bank, pages 12-13.

© Tim Wright/CORBIS, page 14.
© Raymond Gehman/ CORBIS, page 15.
© Lynda Richardson/CORBIS, page 16.
© Steve Kaufman/CORBIS, page 17.
© Dan Guravich/CORBIS, page 18.
© Richard T. Nowitz/CORBIS, page 19.
© Lowell Georgia/CORBIS, pages 20-21.
© First Light/Stephen Homer, page 22.
© Wolfgang Kaehler/CORBIS, page 23.
© Layne Kennedy/CORBIS, page 24.

Diseño de Interrobang Graphic Design Inc.
Impreso y encuadernado en Canadá por Friesens, Altona, Manitoba

Canadä

El editor agradece el apoyo financiero del Gobierno de Canadá, a través del Programa de ayuda al desarrollo de la industria editorial, para sus actividades editoriales.

Los animales necesitan de doctores igual que la gente. Un doctor que trata a los animales se llama veterinario.

Los veterinarios tratan con toda clase de animales. A este perro le están examinando la pata durante su chequeo anual.

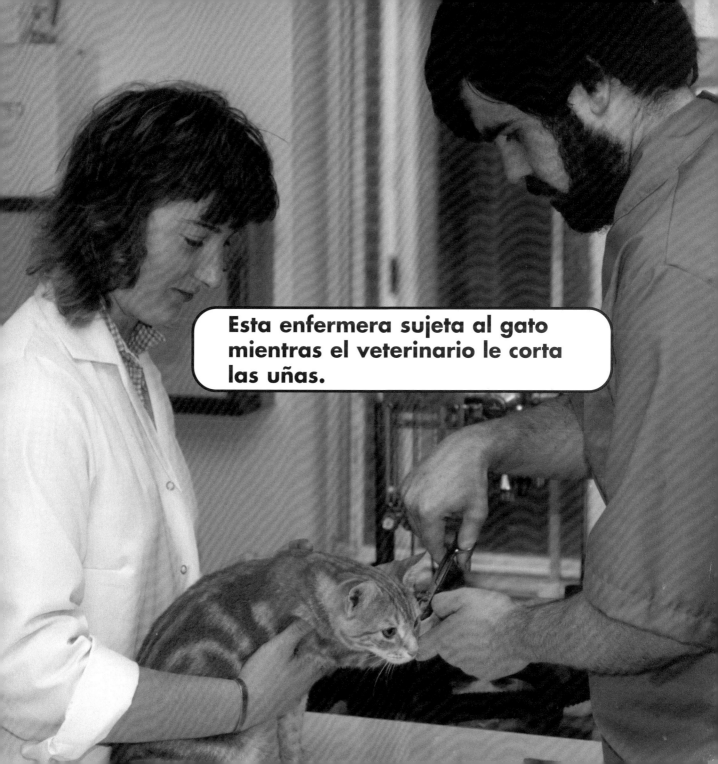

Como los niños, los perros necesitan vacunas que los ayuden a crecer fuertes y saludables. A este cachorro le van a poner su primera vacuna.

Los caballos también necesitan de la ayuda del veterinario. Este veterinario revisa los dientes del animal mientras su dueña sujeta las riendas.

Este becerro recién nacido necesita que lo sequen y abriguen rápidamente. Sólo tiene algunos minutos de nacido, ¡pero ya pesa más que tú!

Están operando a este caballo grande. El veterinario le ha puesto una inyección para asegurarse de que no sienta ningún dolor. Igual que la gente, la mayoría de los animales se recuperan rápidamente y en pocos días están listos para irse a casa.

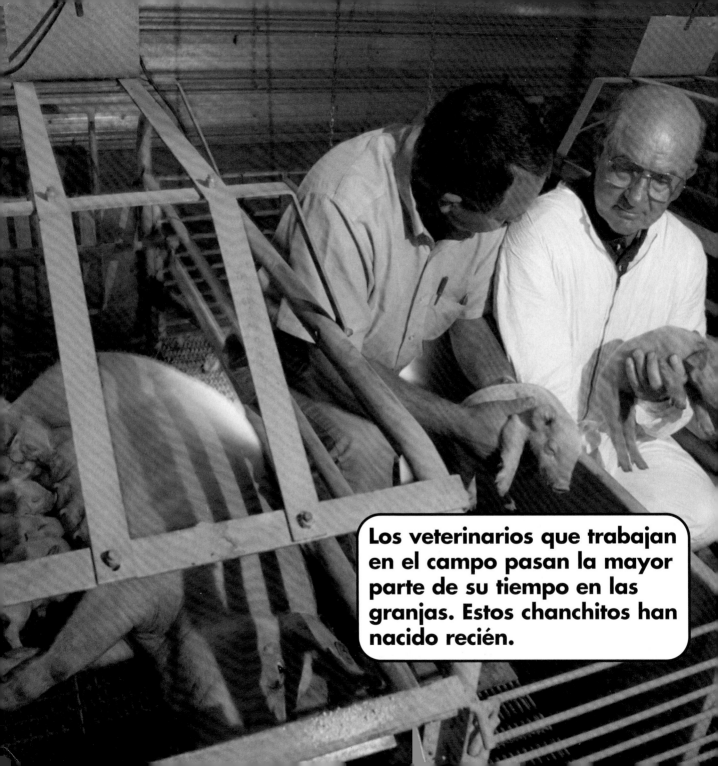

Los veterinarios que trabajan en el campo pasan la mayor parte de su tiempo en las granjas. Estos chanchitos han nacido recién.

Los veterinarios saben cómo cuidar de los animales atrapados en la tierra salvaje.

Se necesitan varios veterinarios para operar a esta águila cabeza blanca.

Este veterinario está escuchando los latidos cardiacos del delfín. Como los delfines son tan inteligentes, a menudo hacen justo lo que el veterinario quiere que hagan durante un chequeo.

Cuidar de las ballenas puede ser un trabajo peligroso. Estos veterinarios deben ser muy cuidadosos cuando manejan un animal tan grande.

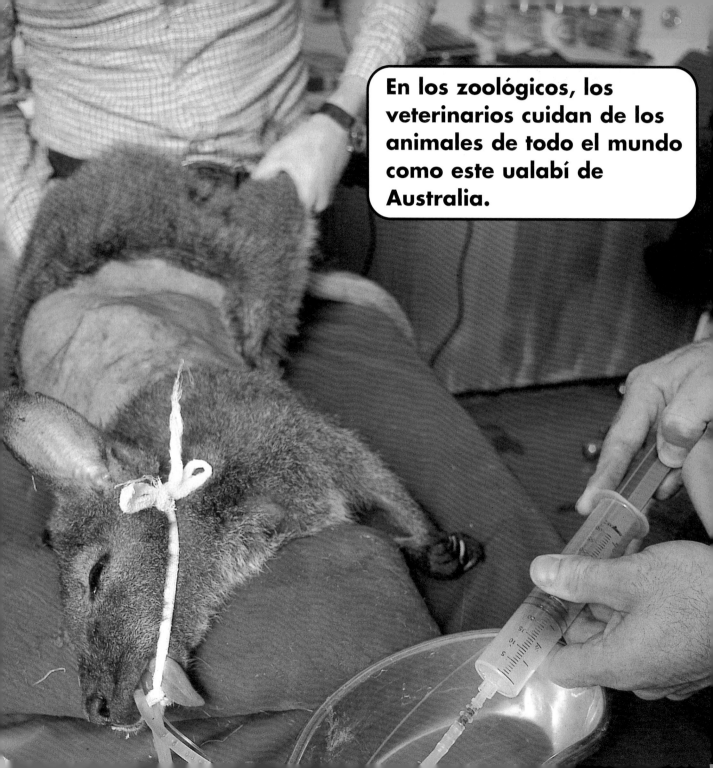

Es mucho más difícil darle medicinas a una llama que a un perro o gato.